GRANDE DISTRIBUTION
VÉRITÉS ET MENSONGES

B.P. 61 — 33360 LATRESNE (près Bordeaux)

Courriel : borddeleau@aol.com
Site : www. editionsbdl.com

ISBN 2-911803-63-9

Thomas LUGOS

GRANDE DISTRIBUTION
VÉRITÉS ET MENSONGES

Avec
Dominique-Emmanuel BLANCHARD
&
Jean YSSEV
pour le questionnement.

Collection « Jaune & Noir »
dirigée par Jean-Luc VEYSSY

La Question individualiste (*philosophie*)
Philippe CORCUFF

La Joconde, le sapin de Noël et Camus (*philosophie*)
François VERT

Pour une autre mondialisation (*politique*)
CERCLE GALILÉE

Une Autre décentralisation (*politique*)
Bastien FRANÇOIS

La Planète brûle... (*écologie*)
Éric VEYSSY

Aux hommes et aux femmes qui n'ont d'autre choix que de subir au quotidien les non-dits de la grande distribution.

À celles et à ceux qui se veulent grains de sable dans les rouages de cette machine à déshumaniser.

AVANT-PROPOS

Celui qui ne supporte pas d'attendre n'a rien à faire dans ce métier-là. Je suis commercial dans une P.M.E. depuis maintenant pas mal d'années, et si l'on me rendait le temps que j'ai passé à attendre dans les salons de la Grande Distribution, je me verrais rajeunir très sensiblement.

Le fax était pourtant formel: «Rendez-vous dans les bureaux de l'Hypermarché avec Monsieur Louis, ce jour à 16h45, prière de confirmer votre présence à tel numéro.»

Je suis arrivé, comme à mon habitude, à l'heure dite. J'ai bien le badge «Visiteur» épinglé sur le revers de ma veste. J'ai déposé en échange une pièce d'identité au poste de sécurité — oui, la grande distribution a assermenté ses vigiles et s'est arrogé un droit de regard sur nos papiers au même titre que la Police ou la Gendarmerie. J'ai subi au bureau d'accueil la froideur de la secrétaire qui m'a bien fait comprendre que Monsieur Louis — que je n'ai encore jamais rencontré — aurait un peu de retard. Ce peu de retard qui a pris de l'épaisseur puisque j'entame ma cinquantième minute d'attente.

Face à moi, un immense portrait du fondateur de l'enseigne et de son fils… Je jurerais qu'ils vont me demander quelque chose, un budget par exemple. Déjà, j'ai feuilleté le L.S.A. (L'atlas de la distribution) qui traîne sur la table de cette salle d'attente. Et aussi le prospectus de la période en cours avec toutes les bonnes affaires que seule cette enseigne sait obtenir. Des couleurs, des sourires, du gratuit, des cadeaux, *du bonheur*... Devant mes yeux est passée une foule d'employés qui débauchaient, embauchaient et validaient leurs cartes de pointage. On me dit bonjour, mais rien d'autre. C'est la consigne : seuls les cadres peuvent s'entretenir avec les représentants. Alors on m'ignore. Au point que, me sentant très seul, je repars aux nouvelles auprès de ma secrétaire revêche — toujours la consigne — qui m'annonce cette fois que Monsieur Louis vient d'entrer en réunion, et qu'il ne devrait en avoir que pour une dizaine de minutes, les dernières. Soit ! Je regagne docilement mon siège et patiente...

Que me vaut l'honneur de cette convocation ? Mes produits sont en vente dans ce magasin depuis fort longtemps et toutes mes demandes de rendez-vous ont été refusées. Ce chef de rayon estimait que je n'avais rien à lui apprendre qu'il ne sache déjà. Il connaît tout de ma société et des produits que nous vendons. Enfin, quand je dis qu'il connaît tout, c'est en terme de marges, de pourcentages et de gains parce que pour ce qui est de l'effort que nous faisons sur la qualité et la présentation, ce n'est pas sa préoccupation...

Qu'ont-ils inventé cette fois que je n'ai pas encore entendu ? Quelle sera la demande ? À quoi devrai-je participer : travaux d'agrandissement, changement de direction, compensation de prix, casse, étiquetage électronique, réimplantation, prospectus, nouvelle gondole ou bien une surenchère par rapport à la dernière proposition de mon concurrent ?

Quand enfin on m'appelle :

– Société *Tirelire*, monsieur Louis vous attend dans son bureau.

Je me lève et entreprends de longer cet interminable couloir où je vois, à travers les vitres, d'autres commerciaux de mon acabit aux prises avec les homologues de monsieur Louis. Cela ressemble fort à un tir groupé. Un ratissage en règle.

– Entrez et asseyez-vous.

Monsieur Louis aura bien un vague mot d'excuse pour le retard, mais ce sera sans conviction. Je me présente et glisse ma carte de visite sous ses yeux. Il la regarde, s'inquiète :

– Vous avez bien tout pouvoir de décision ?

À cette question, je comprends qu'il sera question d'une demande exceptionnelle mais j'acquiesce. Ensuite, j'entreprends de commenter le chiffre d'affaire de l'année précédente et celui de l'année en cours, nos parts de marché et le rappel des nombreux efforts consentis par la société qui m'emploie depuis la création de ce magasin, les changements d'enseigne successifs, les opérations ponctuelles de plus en plus nombreuses...

Monsieur Louis balaie mon historique d'un revers de la main et entame un monologue bien rôdé qui le conduira à son but : me soutirer un maximum, et je le sais.

– Voilà, commence-t-il, nous occupons sur le département une position de leader incontesté. Nous offrons le meilleur choix, le meilleur service et les meilleurs prix...

S'ensuit la liste d'avantages dont je bénéficierai si j'accepte sa demande — dont j'ignore encore la teneur —, je serai fournisseur privilégié. La belle affaire !

La sentence tombe :

– Cette année, le magasin fête ses dix ans, et cet anniversaire doit être un événement pour tous. Nous apprécions les P.M.E. comme la vôtre, aussi nous allons faire un effort tout particulier pour promouvoir vos produits. Nous allons vous donner un bon coup de pouce. Mais ce coup de pouce, vous vous en doutez, a un prix. Nous vous demandons une participation publicitaire de 3% sur le chiffre d'affaire de l'année dernière.

Je m'y attendais. Je tente une esquive :

– Dois-je vous rappeler qu'en 2002, outre les remises quantitatives et la progression de vos accords sur facture, nous avons également augmenté le budget pour les prospectus et les têtes de gondoles puisque vous gagnez encore 2% et que si je totalise l'ensemble des marges arrières réglées au niveau national, régional ensuite puis directement à votre magasin, nous atteignons la barre des 36 %.

– Seul ce que vous réglez au magasin m'intéresse.

– Oui, mais l'ensemble de ces budgets sort bien d'une seule poche : la nôtre.

– Vous réalisez chaque année vos volumes de vente grâce à nous, non ?

C'est imparable : il n'existe plus aucune autre forme de commerce dans ce pays. Seulement je dois me défendre. Du moins tenter de le faire.

– Je ne pense pas être en mesure d'accepter cette nouvelle donne, dis-je.

– Eh bien, je serais au regret de retirer de mon linéaire tout ou partie de votre gamme afin de faire place à votre concurrent qui, lui, ne manquera pas de s'en charger !

– Vous ne pouvez pas nous déréférencer.

– Je le ferai sans état d'âme.

– Nous avons négocié au niveau régional une gamme minimum pour les 50 magasins de votre enseigne et nous l'avons réglée au prix fort, vous le savez.

– Je sais... Et alors ? Nous sommes des magasins indépendants et nous sommes libres de travailler avec qui bon nous semble. La balle est dans votre camp.

–Vous êtes en train de me dire que notre accord régional ne tient pas.

– Si, mais il ne se suffit pas à lui-même. N'oubliez pas que la finalité, c'est le rayon. Et je décide de ce qui se passe dans ce rayon !

Je demande un temps de réflexion bien dérisoire, et nous convenons d'une réponse sous quinze jours. Au terme de cette période, et après en avoir référé à ma Direction, soit nous prendrons la décision de refuser — et nos produits s'effaceront peu à peu du linéaire), soit nous accepterons — et les promesses de mise en valeur de ces produits seront bien vite oubliées. Je me contenterai du même espace d'exposition, du même nombre de produits vendus et de la même dynamique commerciale. Simplement, j'aurai encore lâché 3 points.

D'ici peu, mes produits disparaîtront de ce rayon, ou bien ils seront présents mais bientôt vendus plus chers car, faute de pouvoir réduire constamment nos coûts, nous devrons répercuter cette inflation de budgets — alimentée par ceux-là même qui se présentent en défenseurs de la clientèle et de son pouvoir d'achat — et l'intégrer dans nos prochains tarifs.

Et l'avis du consommateur, vous dites ?

VOUS AVEZ DIT « SUPER » ?

Commençons, voulez-vous, par définir pour nous ce qu'est un hypermarché.

Ce qu'on appelle *hypermarché* est un magasin dont la surface consacrée à la vente est supérieure à 2 500 m². En dessous, c'est considéré comme un *supermarché.*

Au niveau de cette distinction, on peut déjà voir une première perversité. Le gouvernement de 1996 fait voter la loi Raffarin pour bloquer un développement galopant du nombre d'hypermarchés — leurs créations ont certes été bloquées sinon freinées mais, la perversité, c'est que les supermarchés ont demandé des autorisations d'agrandissement qu'ils ont obtenues sans trop de difficultés, passant de *super* à *hyper.* Les autorisations d'agrandissement ou de mutation sont délivrées par des C.D.E.C. (Commissions Départementales d'Équipement Commercial). Le parc français de G.M.S. (Grandes ou Moyennes Surfaces) n'a pas cessé de se développer et demeure largement le plus important d'Europe.

La loi est contournée, et cela se fait au grand jour. Il suffit de prendre le magazine L.S.A. (appartenant à Vivendi Universal Publishing) et de lire l'éditorial de son *Atlas de la Distribution* (édition 2002), je cite : « Compte tenu de la législation restrictive, le millésime 2001 est un assez bon cru. Le parc des hypermarchés s'est étoffé de 36 unités et a progressé de 100 000 m² pour atteindre près de 7 millions de m². Toutefois, comme l'an dernier, l'essentiel de cette croissance repose sur des agrandissements de supermarchés puisqu'un seul hyper a vu le jour : le Auchan de Val d'Europe (16 000 m²). Les 35 autres nouvelles unités ne sont "que" des transformations ou des transferts… ». Bref, malgré la loi, tout va bien… On ne construit pas d'hypermarchés mais les supermarchés s'agrandissent. La loi est contournée. Les représentants politiques sont-il dupes pour autant ?

Quelle importance qu'il y ait une frontière entre les supermarchés et les hypermarchés ! Ça change quoi ?

Dans l'hypermarché se perd définitivement la notion de magasin de proximité. Le supermarché, dans l'esprit des consommateurs, me semble-t-il, demeure encore ce magasin de proximité. C'est l'ancien épicier, que l'on a connu dans notre enfance, un peu plus grand, un peu plus évolué, offrant un plus large choix. Il fait un peu de tout : de l'alimentaire au textile… L'hypermarché, c'est le magasin où il y a une galerie marchande avec d'autres formes de commerces autour. Il correspond à la sortie hebdomadaire du couple type. Que n'y trouvera-t-on pas ?

Sur le plan législatif, quels sont les privilèges dont jouit l'un et pas l'autre ?

Par exemple, autour d'un supermarché, on voit rarement se créer des entreprises de restauration rapide comme *Mac Donald*, *Quick*… Il faut avoir une zone d'activité importante pour le faire, et cela dépend des autorisations qu'accordent ensuite les commissions spécialisées. On peut trouver sur une même zone des grandes surfaces pour l'auto, le bricolage, la décoration, l'électroménager, la hi-fi. Tout est regroupé, et devient l'équivalent d'un autre centre-ville — les problèmes de stationnement en moins.

La définition basique, c'est donc un immense bâtiment où les fournisseurs viennent déposer leurs marchandises. Est-ce que l'Hypermarché en question achète les marchandises qui sont dans son magasin ou est-ce un dépôt ?

Au départ, il s'agissait d'une vente en direct au magasin. Chaque magasin négociait sa gamme de produits. Prenons l'exemple d'une conserverie : le magasin achetait la gamme de produits de la conserverie et la revendait dans le magasin après avoir calculé sa marge pour déterminer le prix de vente. Aujourd'hui, il n'y a plus de livraisons directes aux magasins, ou très peu. On livre des centrales d'achat. Tous ces magasins se sont regroupés sous forme de centrales d'achat. Les commandes aux fournisseurs sont passées par ces centrales pour le compte des magasins. Avec davantage de poids, de volume et de force de persuasion lors des négociations.

LES CINQ CENTRALES D'ACHAT
OU
LES CINQ MERCENAIRES...

Une petite question qui peut faire sourire, mais que j'ai envie de vous poser : tous les produits que la Grande Distribution expose dans ses magasins ont-ils été achetés aux fournisseurs ou s'agit-il de dépôts-vente ?

Ils ont été achetés, oui, mais avec un délai de paiement important. Les conditions de paiement sont négociées. Prenons l'article A : il est acheté, et il sera payé à 60, 90 ou 120 jours après sa livraison. 90 jours, c'est une moyenne. Le règlement du consommateur, lui, à la caisse, est immédiat. Le consommateur achète, et il paie immédiatement à la caisse. Malgré le système de débit différé des cartes de crédit, jamais le consommateur ne réglera sa marchandise à trois mois ou plus. Ce temps, et cet argent-là, sont déjà la base d'un système bancaire en soi, ou du moins c'est l'utilisation d'un système bancaire.

Ensuite, pour ce qui est des conditions d'achat, oui elles ont bien changé. Il y a encore une quinzaine d'années, nous, fournisseurs, comptions sur quatorze ou quinze clients en grande distribution. Aujourd'hui, on ne dispose plus que de cinq, suite aux rachats et regroupements successifs. Le gâteau compte beaucoup moins de parts. Carrefour et Promodès ont fusionné, Leclerc et Système U aussi, Cora et Casino, etc... Autrefois, dans telle ou telle région, il y avait deux ou trois centrales avec leurs petites chaînes de magasins.

Elles ont été avalées par des groupes comme Auchan ou comme Carrefour. Auchan et les magasins Mammouth qui appartenaient au groupe Paridoc ont fusionné : disparition de Paridoc, et d'autres dont on a déjà oublié les noms : Euromarché, Rallye, Record… On ne raisonne plus qu'en termes de regroupement national. De quinze clients on est donc passé, peu à peu, à cinq. Aujourd'hui, on parle d'un rapprochement entre Auchan et Géant Casino. Si cela se concrétise, on n'aura bientôt plus que quatre clients. Et pourquoi pas, ensuite, trois, puis deux ? C'est extrêmement dangereux. Mathématiquement, pour n'importe quelle entreprise, pour n'importe quel fournisseur, perdre un client revient à perdre 20 à 25% de son chiffre d'affaire. Il en crève. Aucun ne peut se le permettre. Le déséquilibre s'est installé entre fournisseurs et grands distributeurs. Si la G.D. peut se passer d'un fournisseur, l'inverse n'est pas envisageable sur du long terme.

Est-ce qu'on ne s'approche pas de la loi antitrust qui, si j'ai bonne mémoire, interdisait les rapprochements des grands groupes ?

Il y a effectivement des lois pour se protéger de ce genre de choses, mais tout le monde s'évertue à les bafouer. Ce qu'ont fait tous les gouvernements, de droite comme de gauche, c'est de dire : « Nous sommes attentifs. » D'attentif à attentiste, il n'y a qu'un pas... Alors on crée un « observatoire », on attend un rapport — qui mettra des mois et des mois à arriver sur la table du ministre — et lorsqu'il arrive, le ministre a parfois changé. Bref, c'est de l'immobilisme sous observation en quelque sorte. Pendant ce temps, la G.D. crée ses propres lois et les dicte.

Donc, cinq centrales, peut-être quatre bientôt, pour toute la France. C'est bien cela ?

Oui. Et les grands groupes s'implantent à l'étranger. Carrefour, Auchan, Leclerc, Casino sont implantés un peu partout en Europe, en Amérique du Sud. Carrefour et Auchan sont également implantés très fortement en Asie. Ils y ont reproduit le même système qu'ici, avec de grands parkings. Sauf que là-bas, les gens ont rarement des voitures et utilisent beaucoup les deux roues. Cela donne des ceintures bitumées complètement désertes autour du magasin, j'ai eu l'occasion de voir ça.

Le danger, c'est la pression que subissent les fournisseurs. Moi, je travaille pour une P.M.E., et je peux vous assurer que cette pression est constante, elle est à la mesure de notre dimension. On ne va pas pleurer pour les groupes mondiaux comme L'Oréal, L.V.M.H., Danone, ou Coca-Cola qui sont assez puissants pour négocier à armes égales avec la grande distribution parce qu'ils se sont enrichis grâce à elle et qu'ils conservent des marges importantes. Ils appliquent, en fin de compte, des politiques commerciales voisines. Ils peuvent éventuellement engager un bras de fer parce qu'ils possèdent aussi des marques incontournables. C'est le cas de Ricard en France. Ricard peut entrer, chaque année — en période de négociation — avec la G.D., dans une épreuve de force : le Ricard conditionné au litre est ici un produit national incontournable. Aucun magasin ne prendra le risque de ne pas le vendre, il pourra supprimer ou suspendre le reste de la gamme proposée par cette société mais le Ricard-litre ne sortira pas du rayon…

Dans le cas d'une P.M.E, perdre un de ses clients, c'est dramatique. On perd immédiatement de la production. Dès 20% de pertes, c'est le début du drame...

Donc, la P.M.E. pour laquelle vous travaillez réalise 20% de son chiffre d'affaire avec chaque centrale ?

Pas exactement. Les enseignes ne pèsent pas le même poids, une va peser 15% de notre C.A. (chiffre d'affaire) et une autre 28%, mais nous faisons la totalité de notre C.A. avec les hypers et les supers. Je parlais du cas où on ne s'entendrait plus avec eux ou du cas où on refuserait la pression qu'ils nous font subir : en perdant un seul client, on pourrait perdre jusqu'à 28% de nos ventes.

Cela veut dire que 100% du chiffre d'affaire de la P.M.E. dans laquelle vous travaillez sont assurés par ces centrales d'achat ?

Oui, par l'ensemble de ces cinq centrales d'achat. Ces cinq clients nous assurent 100% de notre chiffre d'affaire. « Ma » société ne vend rien ailleurs. Tout est vendu en grande distribution. De plus, nous n'exportons rien, et c'est là notre problème : si nous vendions à l'étranger, on ne serait pas tributaire de ce système qui est spécifique à la G.D. en France. Une grosse boîte qui travaille dans toute l'Europe par exemple peut supporter momentanément un problème avec le marché français (qui n'est, dans ce cas, qu'un élément de son revenu). Elle peut se développer sur un autre marché et espérer des jours meilleurs. En France, il n'y plus d'autres circuits parce que les autres circuits ont été intégrés ou éliminés.

Est-ce que l'on peut considérer qu'il y a entre les cinq centrales d'achat une entente sur les prix ?

En quelque sorte, oui. Vous pourriez faire l'expérience suivante : choisissez un article de consommation courante et faites la démarche d'aller en relever son prix dans des magasins d'enseignes différentes. Vous constaterez qu'il est vendu au même prix, ou que l'écart est minime. Chaque enseigne espionne les prix des concurrents de sa zone et s'aligne, au besoin, sans aucune difficulté.

INTERMÈDE I

L'abus de pouvoir selon Monsieur Jean

Monsieur Jean est à la fois P.D.G. d'un hypermarché et membre de la commission chargée de traiter les accords régionaux pour les magasins de l'enseigne à laquelle il adhère.

Cette commission appelée G.T. (Groupe de Travail) se réunit dans les locaux de la centrale régionale et reçoit ses fournisseurs une fois par an et convient d'une politique commerciale en vue d'atteindre des objectifs communs.

La société qui m'emploie, outre les multiples remises consenties jusqu'alors, accordait un budget destiné à rémunérer les actions (prospectus ; têtes de gondole ; mises en avant ; animations, etc.). Ce budget baptisé « budget terrain » était à hauteur de 18 % du chiffre d'affaire et était versé directement au point de vente, soit aux magasins.

Pour cette année, la demande était fort claire : il s'agissait de majorer ce budget de 1 %, de le porter à 19 % donc, et de la facturer — de manière à faciliter la tâche de l'ensemble de nos comptabilités respectives — en une seule fois. Autrement dit, la centrale totalisera le chiffre d'affaire et nous adressera une facture unique pour l'ensemble de ses magasins.

Monsieur Jean nous a vanté la simplification de l'opération. Il nous a assuré que tous les cadres concernés seraient avisés de nos comptes et que chacun connaîtrait les sommes et les efforts consentis par les fournisseurs. Que de la transparence en somme ! En mon for intérieur, je savais que c'était une responsabilité de moins pour les chefs de rayon, et qu'une nouvelle part de leur autonomie de travail leur était confisquée. Il me serait à l'avenir encore plus difficile d'obtenir des rendez-vous et de garder le contact que nous avons établi. Mais avions-nous vraiment le choix ?

Trois semaines plus tard, je rendis une visite au chef de rayon du magasin dont monsieur Jean est le P.D.G.

Je lui ai livré la teneur de nos nouveaux accords et lui ai expliqué que les budgets jusque-là versés aux magasins le seraient désormais à la centrale régionale et que nous n'aurions plus à les gérer au point de vente.

– Oui, je sais, m'a-t-il dit, mais monsieur Jean estime que vous pourrez faire un petit effort avec notre magasin attendu qu'il est le responsable de la commission régionale et qu'il vous a toujours soutenu…

– Pardon ?

– Monsieur Jean souhaite que vous nous versiez ici 5 % du C.A. de l'année à venir sans quoi nous ne suivrons pas le plan de promotion annuel.

– Sinon ?

– Sinon vous allez avoir un sacré problème pour négocier l'année prochaine !

MARGES ARRIÈRE & VENTES À PERTE

Nous en arrivons à ces fameuses marges arrière...

Je voudrais d'abord vous parler des prix. Il existe la loi Galland du 1er juillet 1996 qui a régulé la bataille des prix au point de vente. Pour schématiser, la loi Galland n'autorise plus les ventes à perte. Les ventes à perte, ça peut paraître insensé de les pratiquer mais c'était possible grâce aux marges considérables que dégage la grande distribution. On a donc établi des limites et défini des S.R.P. (Seuils de Revente à Perte), en deçà desquels rien ne peut être vendu. Ces S.R.P. donnent au fournisseur la garantie de ne plus voir son produit vendu à un prix anormalement bas — plus bas que son prix de facturation, comme ça pouvait être le cas. Il est prévu de lourdes amendes aux points de vente qui transgressent ces seuils. Cette loi Galland satisfaisait les industriels et semblait être une garantie. Depuis, et comme pour chacune des lois mises en place, la parade a été aussitôt trouvée : Leclerc, par exemple, a inventé le ticket qui permet de rétrocéder des remises obtenues des fournisseurs, et donc de maquiller les prix. Ses concurrents s'y engouffreront sans tarder et réfléchissent à un projet identique.

Un autre système s'est considérablement développé, c'est celui des « marges arrière ». Voilà quelque chose que le consommateur ne sait pas ou peu. Le commerce traditionnel, sous la forme que l'on a apprise dans nos écoles a complètement disparu, à savoir que vous achetiez un produit à tel prix, puis vous introduisiez votre marge pour réaliser un bénéfice. Tout cela est terminé. Il faut savoir que la grande distribution si elle achète un produit à 15 euros le vendra 15 euros. Où va-t-elle gagner de l'argent ? Elle gagnera sur ces marges arrière et elle gagnera aussi sur les délais de paiement, et nous l'avons dit, c'est un gain considérable. La G.D. a mis au point des systèmes bancaires à gros intérêts et paie le plus tard possible ses fournisseurs. Il y a les remises quantitatives proportionnelles aux quantités livrées mais les gains les plus importants pour la G.D. découlent de ce système de marges arrière.

Je résume : la G.D. revend à prix coûtant... Comme il faut bien que quelqu'un paie le bénéfice, si j'ai bien compris, on arrive à ce système de marges arrière... Mais d'abord, expliquez-nous ce que sont ces marges arrière.

Ce sont les remises que le fournisseur consent et qu'il reverse après la vente, d'où le mot « arrière ». C'est-à-dire : je vais vendre un article à un prix net de 15 euros à la grande distribution. Commence une facturation en cascade. La G.D. va me facturer, à moi fournisseur, 10 % au niveau national pour avoir le droit de commercialiser dans leurs enseignes, puis 10 % au niveau régional pour distribuer cette marchandise au niveau des grandes surfaces de la région. Enfin, vous l'imaginez bien : le magasin en bout de chaîne exigera son droit aussi. S'ajoutent à cela des accords pour obtenir : un bon emplacement en linéaire, un balisage en rayon, une photo sur un prospectus, une tête de gondole. On règle à l'entrée, à chaque étape de la vie du produit, et à la sortie. Ainsi, sur un certain chiffre d'affaire, le fournisseur doit *reverser* soit au trimestre, soit au semestre, soit à l'année des marges arrière c'est-à-dire que l'on *rembourse* une bonne partie de l'argent encaissé.

De cette manière, oui, on peut considérer que la G.D. vend les marchandises au prix d'achat. Mais le fournisseur aura à régler des remises et ristournes qui s'additionnent sous des formes diverses et qui fluctuent au moindre événement commercial organisé par l'enseigne, à la moindre campagne publicitaire dont nous sommes censés bénéficier. C'est très important et c'est là qu'est la clé de voûte du système.

Ce système est pervers et sans fin. Pour ma société, tout cumulé, les marges arrière représentent plus de 30 % du chiffre d'affaire net facturé. On vend 100 et ma P.M.E reverse ensuite 30, et plus.

Les marges arrière s'échelonnent sur cinq à six niveaux : au final cela coûte au moins 30 % à ma société. Pour d'autres, selon leurs produits et les gammes de produits, les marges arrière cumulées peuvent aller bien au-delà.

Le référencement, c'est-à-dire l'entrée d'un nouveau produit dans une grande surface, ne l'oublions pas, a fait l'objet au préalable d'une facture conséquente qui, elle, a été payée d'avance. De la sorte, pour qu'un produit accède aux rayons de telle ou telle enseigne, il faut payer — par anticipation — sur la base d'un chiffre d'affaire estimé. Le fournisseur qui accepte ces conditions, devra patienter plusieurs mois avant que ton produit soit enfin en rayon. Le temps de créer son code, d'en organiser sa commande et sa livraison vers les centrales puis vers les magasins…

Il y a de cela quelques années, au moment où nous commencions à développer notre gamme en grandes surfaces, on nous disait : « Vous souhaitez mettre 20 produits dans notre réseau. Nous avons X magasins, donc on vous demande par référence (pour chaque produit) soit 1 000 F, soit 2 000 F etc. » Et ça pour chaque magasin. On ne raisonnait pas en pourcentage, mais en forfait. Une fois additionnées toutes les factures de tous les hypermarchés et tous les supermarchés d'une même enseigne, cela représentait des sommes considérables. On nous a fréquemment imposé de livrer des premières commandes gratuitement (baptisées « squelettes gratuits »), pour l'implantation. La contrepartie de tout ça ? Le droit de vendre… Très onéreux, et qui pouvait être remis en question à tout moment, du moins chaque année lors de la signature des accords. Voire en cours d'année.

Autre exemple : pour Intermarché, Super U, Champion, à l'époque où se construisaient leurs nombreux magasins, il s'agissait de payer en fonction de la surface. On calculait selon le nombre de m². Mon travail consistait à aller assister à toutes les ouvertures de magasin. Je réglais quelques francs du m² (et cela pour chaque magasin) : les fournisseurs s'engageaient à payer un budget proportionnel au nombre de m² par magasin. Les magasins Intermarché avaient en général une surface de 1 200 m². On versait une poignée de francs par m², cela faisait environ 6 000 à 7 000 francs. En contrepartie, le magasin était censé représenter, une gamme définie. En somme, l'ensemble des fournisseurs contribuait ainsi, pour une bonne part, à la construction du magasin. Ajoutez à cela, que dans le cas d'Intermarché, les adhérents du groupe sont franchisés. Leurs biens propres servent de garantie. Vous le voyez, c'est sans risque pour nos fameux mousquetaires de la distribution.

Les mousquetaires sont de fines lames, c'est bien connu...

Seulement le système a ses propres limites. À l'exception de types d'articles qui sont en constante évolution, il a fallu arrêter l'extension des gammes de produits. Pourquoi ? Parce que les magasins sont en place et que leurs rayons ne sont pas extensibles à l'infini. Une des conséquences est qu'aujourd'hui lorsqu'un produit entre dans un magasin, cela se fait au détriment d'un autre. Celui-ci doit céder de la place à celui-là qui est une nouveauté. Autrefois, il suffisait de payer pour faire entrer un nouveau produit dans tel magasin. C'était aussi l'époque où existaient plus de dix centrales d'achat. La carte de la diversité était une solution simple pour empocher des budgets. Depuis quelque temps, les enseignes sont arrivées à saturation. Voilà pourquoi les règles ont évolué, surtout depuis qu'il ne reste plus que cinq groupes. Avant nous étions dans une logique de remplissage : on construisait de la surface de vente, il fallait bien occuper l'espace ! Les enseignes sont devenues plus sélectives. Carrefour définit la gamme de ses fournisseurs, il appelle cela T.A.N. (Tronc d'Assortiment National). Pour d'autres cela s'appelle la G.M. (Gamme Minimum) ou le T.A.C. (Tronc d'Assortiment Commun). Chacune des enseignes se défend de faire comme la voisine alors qu'au final c'est exactement la même chose. Ces gammes sont définies à l'avance et ne subissent que de rares modifications. C'est décidé au sein d'une commission d'achat nationale pour l'ensemble des magasins.

Enfin, c'est surtout à mon sens une étape de déresponsabilisation des cadres dans les magasins. C'est aussi renoncer à la diversité des régions et à imposer une sélection de ce que doivent être les goûts des consommateurs.

Dans ces conditions, s'il n'y a plus de place, comment casez-vous vos nouveaux produits ?

Pour une P.M.E., c'est difficile, et c'est un choix cornélien. Pour placer un nouveau produit, il faut en enlever un qui est déjà en vente. D'ailleurs, voilà qui peut démotiver complètement dans la recherche de nouveautés. Pourquoi s'embêter à créer du nouveau alors qu'il ne rentrera qu'en substitution d'autre chose ? Et, *a contrario,* pourquoi diable enlever un produit qui, lui, a déjà fait ses preuves économiques ? Pour une P.M.E comme nous, c'est un risque maintenant de lancer un nouveau produit et de partir dans l'inconnu. C'est un investissement lourd en marketing, en communication, et au vu des conditions actuelles, on ne peut plus attendre le temps nécessaire pour tester quoi que ce soit sur le marché. À moins d'avoir les reins très solides !

On s'apercevra très vite que les références qui ont été éliminées des rayons l'ont été au bénéfice des M.D.D. (Marques de Distributeurs), c'est-à-dire des marques commercialisées au nom de l'enseigne avec des P.V.C. (Prix de Vente Consommateurs) plus bas. Ce ne sont souvent que des plagiats, d'ailleurs ; noms approchants, couleurs et conditionnements identiques. Et pour cause : ils sortent des mêmes usines ! Les industriels qui les fournissent à la G.D. acceptent de se concurrencer eux-mêmes au risque de se voir confisquer la notoriété de leur marque. Le consommateur pressé n'est pas regardant et s'y laisse prendre, tout a été organisé pour cela. Il achète moins cher, c'est vrai, mais rémunère toujours plus de marge.

T.V.A. (ET ENTOURLOUPE ?)

La TVA, sur ces factures de marges arrière générées par la G.D., à quel taux est-elle appliquée ?

La G.D. facture ses supposées prestations de service à un taux de 19,6 %. Ces factures sont appelées P.P., (Participations Publicitaires). Quoi de plus vague comme intitulé ?

Mais le fournisseur, vous, en l'occurrence, vous lui vendez bien vos produits à 5,5 %, n'est-ce pas ?

En tant que fournisseur je facture la G.D. à 5,5 %, et la G.D. me facture à 19,6 %. Vous l'avez compris : par un tour de passe-passe, nous, fournisseurs, devenons clients de la grande distribution, de la grande réquisition.

Tour de passe-passe, oui, qui inverse les rôles et fait changer les taux de T.V.A.

Et cela se fait en quelque sorte de façon tout à fait légale. Le problème est celui-là : les grands distributeurs vendent autre chose que ce qu'ils devraient vendre. Ils vendent des prestations qui en plus sont la plupart du temps fictives. La confusion est telle que le fournisseur devient client de la grande distribution et cela avant même d'avoir encaissé le premier centime de la marchandise qu'il lui vend.

J'y insiste : est-ce qu'il n'y a pas là une arnaque au fisc ? Je vois, dans ce que vous dites que les notions de prix d'achat, de bénéfice et de prix de vente ont volé en éclats. Je ne comprends pas : votre client est en même temps votre fournisseur, et sur fond de taux de TVA différents, dans cette apparente confusion est-ce que la grande distribution ne fait pas entrer dans la poche du fournisseur de l'argent par le biais du fisc ?

Pour un produit vendu 100 euros à la G.D. (à une TVA de 5,5%) et vendu 100 euros par la G.D., en contrepartie, pour une série de prestations la G.D. nous facture à 19,6% oui.

Et s'il s'agissait d'une immense escroquerie ! D'une certaine manière le fisc assurerait ainsi de la trésorerie aux fournisseurs.

C'est vous qui le dites ! Moi, je voudrais attirer votre attention sur le rôle bénéficiaire pour la G.D. que sont les divers délais de paiement. Le rôle du commercial est de lutter pour faire en sorte que les délais concordent. Ce n'est pas toujours possible et le plus souvent, c'est à notre détriment

Il se peut en effet que je n'ai rien compris. On dira c'était une question qu'il vaut mieux ne pas poser et à laquelle il vaut mieux ne pas répondre. On dira cela, voulez-vous ?

INTERMÈDE II

Tant qu'il y aura des hommes...

Je vais vous faire une confidence : je prends encore du plaisir à faire ce métier.

Je suis heureux quand, par exemple, j'ai le sentiment de travailler en réel partenariat avec un client. Un responsable de rayon qui est satisfait du chiffre d'affaire réalisé avec les produits que nous lui vendons, qui estime que les marges que nous lui apportons sont correctes, qui respecte les accords définis entre nos sociétés... De mon côté, je m'efforce d'être de bon conseil quant à l'emplacement, aux prix appliqués et aux quantités commandées. Nous cherchons ensemble les idées qui nous permettront de développer nos ventes. Si nous avons à faire face à un problème, nous savons que nous n'aurons aucun mal à trouver la solution. Même si les règles du jeu ont changé nous restons perméables aux pressions et faisons notre travail comme nous l'entendons, c'est-à-dire bien, et en bonne intelligence.

Ce client qui a sûrement adopté la même démarche avec d'autres de mes confrères commerciaux, optimise ses chiffres et se sent productif. Il l'est. C'est un retour sur l'investissement en temps et en énergie qu'il fournit. J'espère qu'il est récompensé à la hauteur de ses qualités et de ses résultats. Pour moi, cela me fait oublier pour un temps les inconvénients des déplacements, les rendez-vous compliqués par les retards, les incompatibilités d'humeur avec d'autres clients, les nombreux kilomètres parcourus, les coups de téléphone incessants, les soirées seul à l'hôtel où, je dois l'avouer, il m'arrive de connaître quelques baisses de moral.

Des rapports commerciaux de cette nature existent encore, ce serait mentir que de prétendre le contraire, mais ils sont devenus exceptionnels, du moins dans la grande distribution, parce que tout le monde se regarde dans le blanc des yeux en se demandant qui sera le prochain à être écarté du circuit. Parce que la valeur des femmes et des hommes ne peut pas être comptabilisée dans un inventaire et qu'il n'y a pas de ligne « capital humain » sur un bilan.

Pour l'instant, nous tenons bon, lui et moi, et je veux croire que nous sommes dans le vrai.

BAISSE DES PRIX ? QUALITÉ DU PRODUIT ?

Avant d'avoir vendu le moindre produit, le fournisseur doit payer. On peut toujours trouver un nouveau pseudo-service pour faire payer les fournisseurs. On nous facture des prestations qui ne reposent sur rien de bien concret. Ne pas l'accepter, c'est impossible, alors on essaie de se battre pour obtenir en contrepartie une réelle promotion de nos produits, quelque chose qui dynamise vraiment nos chiffres et c'est là le plus difficile. Le relationnel joue beaucoup. Même chose pour le référencement : le fournisseur non seulement s'endette pour imaginer, puis réaliser son produit, mais de surcroît il devra s'endetter pour pouvoir le vendre : payer une autorisation. C'est ce qu'il y avait à l'entrée des ponts naguère : le droit d'octroi. Il faut le savoir : les octrois ont été rétablis.

L'objet essentiel des négociations commerciales, ce sont ces marges arrière. On ne parle que de ça. On ne parle plus du produit. La qualité, ce n'est pas leur problème, du moins pas au moment des négociations. Une fois dans la confidentialité de leurs bureaux, ils n'ont que les taux de marges arrière à la bouche. Seule la marge compte. La rentabilité.

Moi, je suis commercial depuis quinze ans, je constate que mes interlocuteurs ne s'informent plus sur le produit en lui-même. On parle de chiffre d'affaire, de la marge, éventuellement des actions promotionnelles à venir et c'est tout. De plus, les invendus sont très souvent repris par les fournisseurs. C'est une autre contrainte qui peut faire l'objet d'accords spécifiques pour des produits à forte rotation (qui se renouvellent beaucoup), les commandes en sont d'ailleurs faussées puisque sans risque d'erreur pour l'acheteur.

Pour autant les prix pour les consommateurs ne baissent pas proportionnellement à la croissance de ces marges, bien au contraire. Le fournisseur, prévoyant, va augmenter ses tarifs en fonction des marges arrière que la grande distribution va lui demander. Là où il n'augmenterait que de deux points, il le fait de quatre. Pour ma P.M.E, par exemple, il s'agit d'une question de survie. Chaque industriel-fournisseur anticipe les marges arrière sinon il sait qu'il ne résistera pas. Ceux qui souffrent le plus de cela, ce sont les agriculteurs. Eux ne peuvent pas — à la différence d'un gros industriel — répercuter la hausse des marges arrière. L'industriel peut sous-traiter — on a vu se multiplier des fuites dramatiques d'emplois vers l'étranger, vers une main-d'œuvre toujours moins chère. Dramatique tout cela parce que le chômage engendré ici majorera les charges sociales qui devront être supportées par la collectivité : par les entrepreneurs d'abord et au bout du compte, par les consommateurs.

L'industriel cherche en permanence à réduire ses coûts, c'est devenu un souci constant et cela provoque des conséquences immédiates. Vous voyez, nous, nous avons dû supprimer notre propre système de logistique. Nous avions nos dépôts, notre parc de camions et nous livrions nos produits dans des délais convenables.

Oui, et cela faisait vivre du monde. Tandis que là, ça coûte moins certes, mais il n'y a plus personne qui peut en vivre. Cette logique commerciale que met en place la grande distribution dit : « Les petits n'ont pas le droit d'exister. »

C'est cela. Pour les transporteurs, c'est devenu de plus en plus difficile. On ne les ménage pas : « Monsieur, vous êtes là à 6 heures du matin, à l'ouverture et vous prendrez votre place dans la file d'attente des camions... » S'ils arrivent avec un quart d'heure de retard, on peut leur refuser l'accès au quai de déchargement (déchargement qu'il devra souvent faire lui-même d'ailleurs, par manque de personnel à quai ou simplement pour gagner du temps). En cas de retard, on lui demandera de se représenter le lendemain à l'heure dite ou deux jours après. Il faut voir les conséquences lorsqu'il s'agit de produits frais. De plus, la centrale d'achat va leur infliger des « pénalités de retard ». Elles seront facturées au fournisseur. Le fournisseur, lui, refusera de les assumer, c'est donc au transporteur de les payer.

Une sorte de loi du milieu en somme !

Les pénalités de retard sont intégrées dans les accords commerciaux, dans les conditions générales de vente. Voilà pourquoi les fournisseurs se sont débarrassés du souci de la logistique et l'ont confié à des professionnels : ils ne voulaient plus payer les pénalités de retard. Ils utilisent un transporteur qui assumera toutes les conséquences. En bout de ligne, ce sont les routiers qui vivent et travaillent sur la corde raide. Voilà la réalité dont on devine les conséquences économiques, écologiques, mais aussi au niveau de la qualité de vie pour les chauffeurs, la dangerosité des poids lourds lancés sur les routes avec autant d'impératifs…

Certaines enseignes ont choisi de venir enlever directement la marchandise dans nos entrepôts de manière à se différencier de ses concurrents et à profiter des remises d'enlèvement prévues dans ce cas. Toujours de moins en moins d'intermédiaires...

Acheter au prix où l'on va vendre, cela bafoue tous les principes élémentaires du commerce. On nous a appris : le prix d'achat, la marge, le prix de revient, le prix de vente. Tout cela n'a plus aucun sens.

Et n'est absolument pas canalisé.

On est entré dans un système où ce sont des masses d'argent qui font la rémunération. Bref, la grande distribution gagne sur les deux tableaux.

Sur *tous* les tableaux. Je pense à un exemple de marges arrière qui ont été exigées sans aucune compensation. Il y a quelque temps Leclerc et Système U ont fusionné pour créer Lucie. Ils ont eu des exigences pour Lucie : « Notre rapprochement vaut 2% de votre chiffre d'affaire ». Mais il n'y a eu, en réalité, aucun gain en termes de volumes de vente ou de logistique par exemple. Rien ! Ils ont appliqué 2% et cela dure, année après année. On ne revient plus dessus, c'est définitif et automatiquement reconduit. Chaque fournisseur paie et devrait dire merci.

On pouvait penser que la fusion Leclerc/Système U allait apporter des commandes supplémentaires.

Ce qui est faux, puisque les gammes sont les mêmes, le nombre de points de vente aussi, et un marché n'évolue pas en proportion des changements d'enseigne qui n'influencent en rien les habitudes des consommateurs. Le consommateur se fiche bien de savoir si son magasin est affilié, intégré à tel ou tel groupe. Nous n'avons rien gagné dans cette affaire, rien que nous n'avions déjà.

Il y a eu encore mieux, encore plus fort. Je vais vous citer un autre exemple : il s'agit du rapprochement Carrefour/ Promodès. Carrefour avait ses hypermarchés et les supermarchés Stoc. Promodès possédait les hypermarchés Continent et les supermarchés Champion. Le rapprochement a permis de construire le premier groupe de Grande Distribution en Europe et le second au niveau mondial. Il a été demandé un effort supplémentaire à l'ensemble des fournisseurs sur la base suivante : « Voilà, on devient le premier au niveau national, voici ce que l'on pèse, ce que l'on vaut… Vous allez pouvoir travailler avec ce nouveau grand groupe à condition de verser tant. » Je ne me souviens plus du taux mais ce n'était pas vraiment un cadeau, vous l'imaginez ! Après cette annonce, on passe deux ou trois mois en bagarres, en rendez-vous successifs et on va consentir quelque chose de toute façon. Pas forcément ce qu'ils réclamaient au départ mais on en vient à payer.

À la sortie de ces terribles négociations, nous avions pourtant cédé du terrain et nous avons vu notre gamme se réduire comme peau de chagrin. Là où on vendait trente références, on en a vendu vingt, et là on en vendait quinze, on s'est mis à en vendre dix, et tout à l'avenant. Nous étions bien récompensés de notre effort, du cadeau que nous avions mis dans la corbeille de la mariée ! L'ensemble des fournisseurs a été dans ce cas. Non seulement leur politique commerciale avait pour objectif d'obtenir des budgets considérables mais aussi d'éclaircir leurs rayons afin de faire de la place aux M.D.D. (Marques de Distributeurs.) Ils estimaient qu'ils vendaient trop de produits distincts et ils souhaitaient éliminer les produits vers lesquels les consommateurs n'allaient pas, c'était leur argument. Devoir payer pour être moins bien représenté : l'aberration totale !

Mais pourquoi n'y a-t-il eu personne pour dénoncer ces manœuvres ?

C'est arrivé. Le journal *Marianne* a fait a fait une enquête fin 1999. (N°127.) Mais le risque est grand pour celui qui monte au créneau. Le 14 janvier 2000, à Bercy, se sont tenues les Assises du Commerce et de la Distribution. Nous étions sous le gouvernement Jospin. Christian Sautter était alors le ministre de l'Économie, des Finances et de l'Industrie, et il a fait le discours d'ouverture. S'y sont rassemblés des parlementaires et des élus locaux, des économistes, des sociologues qui se sont penchés sur les questions liées au commerce, au rôle qui est le leur dans le développement économique, l'aménagement du territoire et, c'est ce qui est intéressant pour notre sujet, aux relations entre fournisseurs et distributeurs. Tous les grands distributeurs étaient présents et quelques fournisseurs, gros pour la plupart — ce sont des groupes financiers énormes. Certains d'entre eux ont eu le courage de dénoncer ces pratiques. « Voilà ce qui se passe. On ne peut plus accepter cela, etc. » Ils ont essayé d'éveiller la conscience de tous, profitant de la présence des représentants politiques auprès desquels ils espéraient trouver un écho. Nous n'étions donc plus dans la confidentialité des accords commerciaux et dans le secret des marges arrière… Certains ont décrit la dérive. Le résultat ? Cela a donné lieu dans les semaines qui ont suivi à des déréférencements qui sonnaient comme autant de sanctions. Les diseurs de vérités ont été déréférencés sur une partie de leur gamme, et cela leur a vite fait perdre des millions de francs.

Ces assises n'ont été organisées à ce jour qu'une seule fois. C'était pourtant une bonne idée de dire : « Nous sommes allés trop loin, posons cartes sur table et redéfinissons nos rôles. Affichons la transparence. » Je ne pense pas que la

Grande Distribution ait intérêt à afficher la transparence : si le consommateur connaissait les bénéfices monstrueux qu'elle dégage, c'en serait fini de leur communication sur les prix bas !

Certains fournisseurs comme ma P.M.E, certains industriels, sont aujourd'hui coincés parce qu'ils ont tout misé sur la G.D. Elle est, il faut dire, incontournable. Et il est toujours difficile pour les fournisseurs de dénoncer dans un deuxième temps des accords commerciaux qu'ils ont acceptés. Comment avouer que l'on s'est abaissé à ce point ? Aussi le pari des Assises n'a-t-il pas été tenu. Les accords commerciaux sont restés secrets. Je ne connais bien sûr rien des accords qui unissent mes concurrents à la Grande Distribution. Très peu d'éléments filtrent. Il existe une loi du silence. Loi du silence, sentiment de honte, un peu comme certaines victimes de viol en arrivent à culpabiliser. C'est étrange.

Comment ont été justifiés ces déréférencements ?

Dans la Grande Distribution, tout est prétexte pour tout remettre en question et cela d'année en année.

Moi, lors des entretiens, à chaque fois que je me suis battu, que je n'ai pas accepté d'emblée la demande, j'ai entendu cette formule bien rodée : « Vous ne jouez pas le jeu ! » Que vous pourriez traduire par : « Donnez de plus en plus et ne contestez pas, sinon… »

Comment se sont construits ces nouveaux marchés, ces nouveaux systèmes de distribution ?

Comme on l'a dit précédemment, la tendance est plutôt aujourd'hui à la réduction des gammes, mais il y a eu, dans un passé récent, une période où toutes les nouveautés étaient essayées. C'était une période euphorique où tout le monde trouvait son compte et où, certainement, on n'a pas suffisamment anticipé. Les uns empochaient des budgets de référencement tandis que les autres voyaient leurs chiffres d'affaire exploser.

Et aujourd'hui, concrètement, vous êtes un commercial qui représente une société. Vous allez chez Auchan par exemple... Racontez-nous ce parcours.

Avant d'être physiquement sur un point de vente, il y a ce que l'on appelle le référencement national. Chaque centrale possède une commission de référencement. Si vous avez un produit, un vin, une conserve, etc., vous devez présenter votre produit à cette commission. Si c'est un produit que tout le monde attend, il va entrer très facilement moyennant, bien sûr, un budget : « Combien estimez-vous faire de chiffre d'affaire au national pour l'ensemble de nos magasins avec ce produit ? » Vous répondez : « J'espère faire 100 000 euros. » Eh bien le référencement va vous coûter 5 à 10% ou 15% de la somme estimée. Ça, c'est le cas pour une grosse société qui propose un nouveau produit sur une gamme existante qui est déjà commercialisée dans les magasins en question. On lui demande une avance. Au niveau régional, chez Leclerc, on paiera (ce n'est pas le cas pour tout le monde) l'autorisation de commercialiser ce même produit pour lequel on a déjà payé au niveau national, puis on va nous demander un budget estimé sur les ventes régionales, et chaque magasin fera la même chose.

Bref, trois niveaux de paiement (national, régional et local) et on n'aura toujours pas vendu un seul article. Et tout cela rentre dans le prix de vente sinon on ne peut pas survivre.

On s'attend à payer et ce, encore une fois avant d'avoir vendu le premier article.

Est-ce que cela veut dire, au fond, que le petit producteur local n'a aucune chance d'avoir accès au marché ?

Si, il a une petite chance. Il faudra jouer sur une qualité irréprochable, un prix étudié. Il peut tomber sur des responsables de rayons disponibles et ouverts. Dans certains magasins, il reste cette liberté d'agir. Les cadres peuvent encore travailler en direct avec un petit fournisseur. Mais en général, ils ne veulent pas se compliquer la vie à le faire parce que ça ne représente que peu de chiffre d'affaire et que c'est beaucoup de travail pour peu de choses selon eux. Tout est centralisé dans leur système, alors que pour travailler directement avec le producteur, il faudra organiser toute une procédure, créer de nouveaux tarifs, de nouveaux accords, organiser la réception, la présentation, etc. En centralisant, on a enlevé la plupart des responsabilités aux cadres, on ne veut voir qu'une seule tête.

Mais pour en revenir à notre petit producteur, s'il parvient à pénétrer le marché, il s'exposera à de nombreux risques. Il lui faudra bien les mesurer avant de se lancer dans cette aventure…

INTERMÈDE III

Nouveau Manager

Je discutais avec Michel. Je l'ai toujours connu dans ce magasin où il occupe le poste de gestionnaire. Il veille à la bonne tenue du rayon : il passe les commandes auprès de sa centrale d'achat, il régule sa réserve et son stock et il met les produits en linéaire. C'est un type disponible, consciencieux et ça se sait. Tout le monde aime bien Michel.

À chacun de mes passages, je ne manque pas de venir le saluer, pour lui serrer la main, lui demander comment il va, comment vont sa femme et ses gosses et parler de la pluie et du beau temps. En somme, échanger ces paroles qui tissent le lien social du commun des mortels… Quoi !

Quand *ce* gars a surgi dans mon dos je me suis retourné et lui ai machinalement tendu une main qu'il n'a pas saisi. Mon sourire aussi s'est senti seul.

Ce gars paraissait vingt-cinq ans à tout casser. Il portait *la* chemise blanche et *la* cravate couleur rouge. Il s'est rapidement présenté : prénom, nom et fonction, à savoir cadre stagiaire. Puis, après avoir vérifié que le badge était bien épinglé au revers de ma veste, il m'a demandé ce que je faisais là, ce qui, je dois l'avouer, m'a déstabilisé, tant me trouver face à lui relevait du cauchemar. Je les connais trop ces gars-là, ils déboulent au sortir d'une formation draconienne où on leur apprend à se méfier de nous, les commerciaux. Forcément, nous sommes vecteurs d'informations, de connaissances… Des chefs de rayon stagiaires, nous en avons vu d'autres avant eux… Et ils ont disparu, après avoir été cassés et vidés de leur énergie, de leurs illusions…

– Monsieur, m'a-t-il dit, je ne vous autorise pas à faire perdre du temps à mon personnel.

J'ai jeté un regard vers Michel qui a haussé les épaules et s'est remis au boulot.

– TON personnel ? TON personnel ?

J'avais adopté le tutoiement d'emblée. Ce tutoiement qui vient du cœur. J'avais envie de lui ouvrir un peu les yeux, de lui expliquer dans quelle galère on le mettait, de quel complot il était la victime…

Mais je n'en ai pas eu le temps. On m'a prié de quitter les lieux et de n'y pas revenir.

LIMITER LES CONTRÔLES...

Je pense qu'un autre type de dérive est né. Ce système fait, qu'à force de demander aux fournisseurs de maintenir les prix bas, leurs coûts augmentant, on peut se retrouver dans le cas où ils vont être tentés d'éliminer certaines opérations, certains contrôles, dans le processus de production. Cela parce qu'ils ont besoin de toujours comprimer les coûts pour conserver leurs marges propres et leur bénéfice. On peut tomber dans un excès : « Tiens, ce contrôle-là, je devrais le faire mais je ne le fais pas. Je gagne tant en ne le faisant pas et sur ce lot de marchandises, sur cette commande, je gagne un peu plus, je prends le risque. »

Dans le marché de l'informatique, on sait qu'il y a peu de fabricants et qu'il y a tout un tas de marques sur le marché. On sait que le bas de gamme, ce sont les produits qui n'ont pas été vérifiés : on a testé un appareil sur dix, sur cent, etc. Alors que pour les grandes marques, les protocoles de contrôle ont été respectés. Lorsque cela se passe sur de la mécanique, ce n'est pas trop ennuyeux au sens où on peut changer une pièce défectueuse. Si c'est pour un produit alimentaire cela peut devenir beaucoup plus grave.

Sur la viande : ça a été le cas pour les bovins et la vache folle, les poulets nourris avec des boues des stations d'épuration ou je ne sais quoi, jusqu'à la fin des années 90. La salmonellose, la listériose. Beaucoup craignent que d'autres problèmes de ce type surgissent et sont devenus plus vigilants.

Sans parler de la standardisation des goûts. Par le goulot de la centrale d'achat, le lait, par exemple, a le même goût que ce soit à Strasbourg ou à Nice. La même absence de goût.

Le choix du consommateur est cadenassé. Standardisé.

C'est aussi toute une acculturation du goût qui est à l'œuvre. Pour Mac Donald par exemple : le postulat est que le hamburger ait le même goût à Tokyo, à Dallas ou à Marseille. Mais là encore on peut supposer qu'il y ait un goût. Mais lorsqu'il s'agit de produits qui n'ont plus de goût, un goût effacé...

L'exemple le plus flagrant, ce sont les fruits. Par exemple les tomates de mon enfance pouvaient être difformes et excellentes. Aujourd'hui, les tomates sont parfaitement belles et calibrées, mais sans saveur.

L'image prime par rapport à tout le reste alors que le regard est de plus en plus aveugle. La grande imposture est là : on nous propose des choses de plus en plus agréables à voir alors qu'on ne sait même plus les voir. On sait simplement que l'on a l'habitude de voir ça. Ce n'est même plus parce que la tomate est belle, c'est parce que si elle n'était pas belle, elle serait différente et suspecte.

On peut imaginer que le marketing a organisé un gigantesque zapping. De la même manière que l'on change frénétiquement de chaînes de télé parce que l'on s'ennuie ou que l'on s'impatiente. Vous voyez, vous prenez, vous roulez avec votre caddie : vous zappez sur les produits.

MOINS CHER QU'AILLEURS ! QUEL AILLEURS ?

On nous fait croire aussi à des prix qui sont moins chers qu'ailleurs et comme il n'y a plus d'ailleurs, il n'y a plus la possibilité de comparer. Le seul produit pour lequel la comparaison fonctionne, c'est l'essence. C'est le produit symbole parce qu'on peut encore comparer.

C'est justement parce que c'est un produit symbole que la Grande Distribution applique des prix bas sur les carburants et se bat beaucoup là-dessus : c'est un produit d'appel puissant, il invite le consommateur à venir en hypermarché, en supermarché. C'est une technique : la G.D. connaît bien les prix sur lesquels les consommateurs sont les plus sensibles. Elle accepte de vendre ces quelques références en limitant ses gains. Le reste, tout le reste, est surpayé à la caisse.

Il existe une formule qu'utilise la G.D. pour hiérarchiser les produits qu'elle propose. Pour tel produit, elle se doit de vendre *la* marque la plus emblématique, ensuite, elle met une marque forte pour créer de la concurrence entre les deux. Pour créer face au leader une menace... Puis elle met sa M.D.D. (Marque de Distributeur). Enfin on va mettre un bas de gamme. Parfois il s'agit du même produit conditionné différemment, dans un emballage peu attractif. Ce produit sera bien identifié dans le rayon. Là, c'est presque honteux d'acheter ce bas de gamme et de le montrer ostensiblement.

C'est une exposition de la pauvreté parce que lorsque l'on place ces produits « moins chers » sur le tapis de caisse, cela se voit. C'est une stigmatisation de la pauvreté. Mais on peut aussi faire fi de ce petit orgueil-là !

La marque et les grands distributeurs, c'est un amour contrarié mais il dure.

TÊTE DE GONDOLE

J'aimerais que l'on parle des têtes de gondoles. Cela semble important pour la vente. Qui a le droit d'y présenter ses produits ? Faut-il payer ?

La T.G. (tête de gondole) est, dans un magasin, un endroit stratégique qui a son importance, c'est certain. Et la grande distribution n'oublie pas de nous le rappeler. Comme chaque bon espace, chaque cm² en hyper ou en super est un privilège qui se monnaie. Il est d'ailleurs désigné comme tel puisque les intitulés de factures de participations publicitaires qui en découlent sont « location d'emplacement privilégié en tête de gondole ». Cela se négocie au niveau national et peut se régler en centrale ou en magasin directement. Cela coûte très cher et ne cesse d'augmenter. C'est, soit un pourcentage du chiffre d'affaire soit un forfait à la T.G. réalisée.

Mais ce que l'on entend, c'est : « On va respecter nos accords et monter une tête de gondole pour vos produits », suivi de « oui, mais la T.G., il faut venir la monter vous-même ». Bref, on vous demande de venir à 6 heures du matin. Vous constatez que la T.G. de la semaine précédente est toujours en place. Donc vous la démontez, vous nettoyez les étagères, et enfin vous montez la vôtre. (Là, quelquefois vous vous rendez compte que votre marchandise n'est pas arrivée en réserve parce que l'on a oublié de la commander, par exemple.) Si vous ne montez pas votre tête de gondole, ils vont peut-être la monter quand même mais ce sera fait sans enthousiasme : il faut bien qu'ils respectent leurs engagements commerciaux. Observez une tête de gondole : si ne s'y trouve qu'un seul produit, vous pouvez en conclure que c'est le fournisseur qui l'a montée. Parce que, sinon, sur une même T.G., la grande distribution a pris la mauvaise habitude de présenter plusieurs produits en même temps. Le chef de rayon pourra installer un grand nombre de références alors que chaque fournisseur a payé le prix d'une tête de gondole où devraient être exposées *uniquement* les siennes.

On associe quelquefois des actions à ces têtes de gondole : ce sont les animatrices ou démonstratrices que vous pouvez y apercevoir. Elles sont rémunérées là aussi directement ou indirectement par le fournisseur.

Il y a un phénomène d'inflation : plus quelque chose se vend, plus il coûte cher au producteur.

La G.D. obtient des coûts de fonctionnement de plus en plus réduits avec des marges arrière de plus en plus importantes. Le consommateur, lui, ne cesse de voir les prix augmenter ou du moins, ils ne baissent pas. Pourtant les campagnes de pub des hypermarchés prônent (sans rire) : « La vie moins chère », moins chère par rapport à qui puisqu'il n'existe rien de comparable ? Eux achètent toujours moins cher, mais l'industriel qui les fournit doit anticiper et augmenter plus qu'il ne devrait le faire. Et puis la grande distribution, ce n'est pas que l'alimentaire : c'est le textile, le voyage, le loisir, la téléphonie, la culture orientée là aussi, comme pour l'alimentaire, vers une standardisation. La culture suit le même chemin, et c'est inquiétant. La Grande Distribution investit aussi le système bancaire, le marché de l'assurance, la parapharmacie, etc. Quasiment du prénatal au mortuaire. D'autres secteurs seront bientôt exploités, ainsi l'automobile (exemple : avec le constructeur coréen Daewoo).

Des fortunes immenses se sont constituées dans la distribution, comme autrefois il y en avait au 19e siècle chez les industriels précisément. La famille Mulliez fondatrice et propriétaire des magasins Auchan est l'une des plus grosses fortunes de France. Idem pour la famille Defforey, Carrefour. Et d'autres… À l'origine, Leclerc comme Carrefour et Auchan, sont des initiatives respectables mais elles ont généré tellement d'excès… Elles sont devenues la nouvelle donne.

Ce qui devient inquiétant c'est que les producteurs deviennent peu à peu les distributeurs, comme au cinéma par exemple. Au cinéma des compagnies de films ont construit des salles et proposent les films que produit leur groupe et excluent les autres. De plus en plus, les indépendants tendent à disparaître.

C'est de plus en plus le cas en alimentaire, avec le développement des marques des distributeurs contre lesquels les industriels ne pourront pas lutter et se verront privés de leurs parts de marché. On sait ce qui se passe pour une société qui se voit contrainte de réduire sa production : elle licencie. Au niveau de la communication aussi, tout est permis : une course effrénée nous amène à voir en magasins les jouets de Noël début novembre ou les fournitures scolaires début juillet, avant les départs en vacances. « Nous pensons à tout à votre place, mais ne tardez pas, il n'y en aura pas pour tout le monde. » Comme si la pénurie nous menaçait !

Quand j'entends le slogan : « La Vie Auchan », j'ai vraiment mal. Pour moi, cela veut dire : « Vous n'êtes en vie que si vous consommez. Si vous ne pouvez pas acheter, alors c'est que vous êtes mort ! » Et que dire du verbe « positiver », créé par Carrefour et repris dans la dernière campagne électorale par nos hommes politiques !

Moi, je pense aux gens qui travaillent dans ces entreprises et pour qui la vie n'a pas que du positif.

Mais est-ce que la Grande Distribution ne représente la base historique du financement occulte des partis politiques ?

Les politiques se sentent sûrement redevables. C'est ce qui explique qu'ils n'interviennent pas, ou très peu. Ils savent bien qu'on est très loin de toute éthique commerciale mais ils ne sont pas les seuls. Tout le monde en croque de la G.D. : les industriels, les agriculteurs… Les fournisseurs — dont je fais partie — en vivent, et s'ils arrivent à suivre le rythme imposé, ils en vivent plutôt bien. Donc, on ne peut pas non plus toujours cracher dans la soupe.

Ce n'est pas cracher dans la soupe. Ce qui compte c'est la parole des acteurs qui vivent une certaine réalité qui échappe aux autres. On pourrait parler des aspects positifs de la Grande Distribution mais tout le monde les connaît. Il s'agit de décrire ce que l'on ne sait pas et de le dire, de l'intérieur.

Les politiques et les industriels ont tous plus ou moins mis le doigt dans cet engrenage. Imaginez un maire refusant une ouverture de magasin sur sa commune de cinq mille habitants par exemple : il refuserait les emplois, le dynamisme économique, la taxe professionnelle, une manne… C'est plus que tentant d'écouter les arguments des grands distributeurs. Et puis c'est satisfaire à court terme la demande des citoyens, c'est tellement facile de garer sa voiture, d'expédier ses courses, d'ouvrir le coffre et de le remplir aussi vite. Bon débarras !

Ne pourrait-on pas dire qu'en France, mutatis mutandis, *la puissance de la Grande Distribution équivaut à la puissance des marchands d'armes américains qui apportent énormément d'argent aux partis politiques ? Mais il est vrai qu'en France s'ajoutent à la grande distribution les marchands d'armes qui eux détiennent deux grands pôles médiatiques.*

PRESSION COMMERCIALE ?

Mais qu'en est-il de la pression commerciale, et peut-être même des arnaques ?

Avant tout, je dois dire que si la pression commerciale est une constante, l'escroquerie à proprement parler est rare. J'ai pourtant été l'objet d'une arnaque. Un cas extrême.

Un chef de rayon en est arrivé à imiter des signatures de commerciaux sur des accords inventés. Je signe pour ma société tous les documents qui concernent ma région. Je dois ajouter que si les factures de participations publicitaires ne sont pas signées, la G.D. a pris l'habitude de les déduire d'office sur facture. La G.D. paie ses factures amputées de la participation, acceptée ou non. Il faut ensuite, en cas de litige, aller se battre et cela peut prendre un temps fou. Pendant ce temps l'argent travaille pour eux.

Un jour, donc, je reçois de notre secrétariat la photocopie d'une déduction sur facture de deux fois 5 000 francs, à l'époque. C'était l'équivalant de deux fois 2 % du chiffre d'affaire que nous réalisions avec cet hypermarché. Je n'en croyais pas mes yeux : ma signature était imitée. C'était un gars qui subissait dans son enseigne une telle pression qu'il en était arrivé à tricher pour réaliser des objectifs que j'imagine très élevés, trop élevés. Je prends alors rendez-vous avec la direction du magasin, c'est-à-dire avec sa propre direction. Je ne suis pas reçu. Je vais dans le magasin. J'attends deux heures, et on me demande : « Vous aviez rendez-vous ? » De nouveau, je ne suis pas reçu et cela à deux reprises après avoir à chaque fois pris rendez-vous. Je finis par en obtenir un avec un médiateur de l'enseigne. (Je ne l'ai vu qu'une seule fois, il a ensuite disparu.) Il m'a expliqué qu'ils avaient « viré » le gars en question parce qu'il avait arnaqué un grand nombre de fournisseurs, pour ne pas dire tous. C'était « immoral, inacceptable » et *on* comprenait bien ma réaction. Cela semblait être beaucoup plus important pour d'autres fournisseurs que pour ma société. Il m'a été dit : « On a fait le ménage. Soyez tranquille. » J'ai alors demandé comment j'allais récupérer les sommes en question. Il m'a été répondu : « Ce ne sera pas facile... mais on va s'y employer. »

Sept ans après, ma société n'a toujours pas récupéré cet argent-là. D'autres de mes amis commerciaux m'ont avoué qu'ils n'avaient pas fait mieux. Nous avons tous fini par laisser tomber. Une P.M.E. n'a pas toujours les moyens juridiques pour lutter à armes égales avec les grandes enseignes.

Je pense à cet autre cas d'un propriétaire de trois gros hypermarchés à l'enseigne Auchan. L'homme en question a eu des ennuis avec le siège d'Auchan. De quel ordre ? Je n'en sais rien. Il a commencé à faire courir le bruit que ses trois magasins étaient à vendre. Il a vendu et il est passé chez Leclerc, avec ses trois magasins. L'année d'après, nous avons été convoqués (comme la plupart des fournisseurs) par le GALEC (Leclerc) à Issy-les-Moulineaux. « Messieurs, nous savons que vous avez consenti telle remise à Auchan sur ces trois dernières années. Vous aviez passé tels accords avec eux que nous n'avions pas obtenus, on va donc vous demander le réajustement sur ces années-là ». C'était rétroactif. Si nous n'avions pas accepté pas, nous étions virés. Chez Leclerc, la procédure de déréférencement s'intitule « code 9 ». 9, vous n'existez plus ! Le gars d'Auchan s'était servi de nos accords commerciaux antérieurs pour rejoindre le mouvement Leclerc et se vendre lui-même par la même occasion. Bref il nous a fallu payer rétroactivement sur trois ans. Nous avons réglé sous la menace de travailler sans eux. Autant dire de travailler en sous-régime.

Sinon, il y a eu (à l'époque des budgets de référencements versés au m² dont nous avons parlé précédemment) des surfaces de vente fictives. Comment pouvions nous le vérifier ? À moins de venir mesurer soi-même, ce que l'on n'imagine pas un seul instant. Nous avons parfois réglé des m² de réserve ou de parking.

Parlons des emplois en sous-traitance...

Il arrive qu'à la demande des cadres de la G.D., les fournisseurs emploient des personnes pour leur compte dans les magasins pour faire un travail particulier qui se résume en principe au remplissage du rayon. Pour les produits à forte rotation, c'est-à-dire dont les commandes et les livraisons se renouvellent souvent. Ils disent : « Je ne peux pas employer quelqu'un à temps complet pour mettre vos produits en rayons. Donc, envoyez-moi quelqu'un... ». Une grande entreprise de cosmétique, par exemple, doit employer ce que l'on appelle des merchandisers qui viennent très tôt avant l'ouverture du magasin (vers quatre ou cinq heures très souvent). Ces personnes travaillent sans pause jusqu'à l'ouverture ou jusqu'au moment du nettoyage du magasin qui précède l'ouverture.

Ce qui signifie que les grandes enseignes ne font même pas leur travail de commerçant, à savoir organiser la présentation des produits en vente ?

En partie si, mais ils disent qu'à un certain seuil, arbitraire bien sûr, ils ne peuvent plus le faire et ils ne veulent pas non plus embaucher des personnes pour installer des marques qui ne sont pas les leurs. La P.M.E. pour laquelle je travaille n'est pas sollicitée dans ce domaine, ce ne serait pas justifié. Quant à moi, il m'arrive de le faire uniquement par sympathie pour le chef de rayon d'un magasin. Je remonte les manches et lui donne un coup de main mais je refuse de rentrer dans ce genre d'habitudes. J'ai la chance d'être dans une société qui ne me l'impose pas et me laisse libre choix en la matière.

INTERMÈDE IV

Qu'elle est belle la vie en hyper !

Je connais Alain depuis longtemps. Nous avons à peu de chose près le même âge, et avons commencé dans nos carrières au même moment. Lui est Chef de Rayon dans ce magasin où je lui rends visite sur rendez-vous, au rythme d'une fois par trimestre. Par notre qualité de dialogue, nous avons toujours su réaliser de bons chiffres d'affaires et des progressions satisfaisantes. Avec le temps nous avons instauré de bons rapports. Des rapports que je qualifierais d'amicaux. Nous avons échangé beaucoup de nos points de vue et ce, pas seulement dans le cadre professionnel. Nous avons adopté le tutoiement et nous avons confiance l'un en l'autre. Mais aujourd'hui, je le sens pour le moins préoccupé.

– Nous venons de changer de Direction, dit-il.

Je sais ce que cela signifie : un changement de Direction, dans un magasin, c'est très souvent une nouvelle méthode, un nouveau discours, de nouveaux objectifs, l'ensemble des cadres menacés et le personnel sous tension...

– Dis-moi, Alain, qu'est-ce qui va changer ?

– Je ne recevrai plus les représentants. Seul le Directeur et son adjoint le feront. Ils te convoqueront d'ailleurs sans tarder pour ta participation à la reprise... Tu peux commencer à le prévoir.

– Et toi ?

– Moi ? J'avais une équipe de quatre personnes et deux

d'entre elles vont passer de trente-cinq à vingt-quatre heures par semaine. J'ai un autre gars qui parle de démissionner et je sais pertinemment que s'il part, il ne sera pas remplacé. Autant te dire que je vais passer davantage de temps sur le terrain. Je ne compte plus mes heures depuis longtemps mais là, je m'attends au pire…

– Qu'est-ce que tu comptes faire ?

– Continuer… Je n'ai pas d'autre choix, pas d'autre perspective. Je serai responsable en cas de mauvais résultats mais on m'enlève les armes pour me battre.

On se salue, dépités et conscients qu'une nouvelle page vient d'être tournée.

Les petits commerces ont disparu. Peu à peu, ce sont les intermédiaires qui sont devenus dérangeants et maintenant, c'est dans ses propres murs que la Grande Distribution fait le ménage. Magasin par magasin, jour après jour, le processus de destruction d'emplois qu'elle a engagé suit son cours dans l'indifférence générale.

Elle continue de déshumaniser la machine à bénéfices tout en se disant le porte-drapeau de carrières prometteuses pour les jeunes diplômés.

«POUSSER UN CADDIE EST UN ACTE SOCIAL ET POLITIQUE À UN NIVEAU QUE L'ON NE MESURE PLUS…»

Est-ce que la Grande Distribution génère vraiment de l'emploi ?

Oui, bien sûr, on ne peut pas dire le contraire mais il s'agit d'emplois dans des conditions pénibles. Je vais citer l'exemple d'un magasin Carrefour que je visite régulièrement. Dans le rayon de l'épicerie, un fournisseur utilisait les services d'une société de merchandising pour mettre ses produits en rayons parce que Carrefour ne voulait pas engager sa main-d'œuvre pour le faire. Pratique courante, on l'a dit. Un de ces merchandisers travaillait sous contrat avec la société de services qu'employait le fournisseur. Il n'était donc payé directement ni par le fournisseur, ni par Carrefour bien sûr. Je peux vous dire que ce boulot, c'est le bagne : il faut arriver très tôt le matin et ne jamais lever le nez. Le chef de rayon de Carrefour le faisait marcher à la carotte, je l'ai vu, je l'ai entendu : «On sait tous que le travail qu'on te demande est difficile. Tu pourrais peut-être travailler avec nous chez Carrefour avec une meilleure qualité de vie». On lui faisait miroiter une embauche en ajoutant : «Tu mets les produits pour la société qui t'emploie et ensuite pour nous démontrer que tu joues la carte Carrefour, tu vas mettre nos produits distributeur», c'est-à-dire la marque Carrefour. Il travaillait vite, vite... Et on lui demandait d'aller encore plus vite pour gagner du temps, et dans ce temps gagné, il installait gratuitement les produits Carrefour. Le même homme faisait le travail de deux. Le gars devait prouver sa bonne volonté, qu'il possédait « l'esprit Carrefour » qui, je le rappelle, ne le salariait pas. Il a attendu longtemps le contrat espéré, je crois qu'il l'attend toujours... Entre temps, le chef de rayon a été muté, son successeur est arrivé et a tout remis à zéro.

Certains merchandisers travaillent pour plusieurs sociétés. Quelquefois ils cumulent jusqu'à 70 heures par semaine. Ils additionnent des contrats, et on ne sait plus, au bout du compte, qui les emploie réellement. Leurs droits sont inexistants. Il y a une nouvelle définition et un recul flagrant des acquis sociaux.

On imagine mal un jeune diplômé tirer des palettes au petit matin ou une caissière répéter ses mots et gestes à longueur de temps sans souffrir. Ces caissières à qui l'on impose le port du canotier pour la semaine vénitienne ou la tenue de sorcière durant les fêtes d'Halloween. Il n'est pas exclu qu'on les supprime d'ailleurs, elles aussi, puisque la machine à calculer le contenu d'un caddie en un seul clic est à l'étude.

Beaucoup n'ont pas le choix et bossent dans ces conditions, contraints d'accepter l'inacceptable depuis longtemps... Qu'est-ce qu'on leur offre d'autre ?

La création d'emplois, ça fait partie des clichés qui ont la vie dure et à partir desquels la Grande Distribution a bien maquillé sa communication. Tout comme la légende des prix bas, celles de la qualité ou de l'écologie… Or, en terme d'emploi, elle a ruiné le petit commerce ; beaucoup d'intermédiaires étouffent ; les industriels licencient à tour de bras ; les agriculteurs rendent les armes et les postes que la G.D. propose dans ses murs vont être des emplois de cadres où le nombre d'heures est incalculable ou alors en majorité des emplois précaires avec les contrats à durée déterminée, les heures supplémentaires non payées, le travail des jours fériés, les permanences du soir... J'ajoute que ce monde est très souvent muet parce qu'il n'est pas regroupé. Il n'y a pas de solidarité, pas de syndicat dans la précarité.

Votre sentiment pour terminer ?

Moi, je sais qu'à moyen terme le métier de commercial sous sa forme actuelle disparaîtra aussi, comme des tas d'autres avant lui. C'est vrai pour une société comme la mienne : à quoi sert de rémunérer une force de vente ? Aujourd'hui tout est négocié en haut lieu au sein de commissions. Des politiques commerciales sont appliquées qui jouent sur l'inattention de la masse des consommateurs et qui tiennent de moins en moins compte du bon sens des gens de la profession, je veux dire des gens de terrain. Les commerciaux se contentent d'aller voir si leurs produits sont bien en place, de donner des informations promotionnelles quand on les laisse accéder aux magasins où ils sont devenus indésirables. Ils vérifient que leurs produits sont vendus au prix du marché et qu'il n'y a pas de rupture de stock. Ils ne maîtrisent plus leurs ventes depuis longtemps. Ils font de l'inspection, du suivi des accords passés entre leurs sociétés et les centrales. Du moins, de la part qu'ils peuvent encore contrôler. Le plus grave pour moi, c'est le contact qui s'est perdu, ce contact humain pour lequel — que ce soit d'un côté ou de l'autre — tant d'entre nous avaient choisi ce boulot.

On constate que pousser un caddie dans un hypermarché est un acte social et politique à un niveau que l'on ne mesure plus. Je dis que cela a presque autant de poids que d'aller mettre un bulletin de vote dans une urne.

ÉPILOGUE

Tirelire

– Bonjour mademoiselle, société *Tirelire*...

– C'était pour quoi ?

Cet imparfait me chagrine et ne me dit rien qui vaille, mais je poursuis :

– Vous commercialisez dans ce magasin une gamme de produits que nous vous fournissons.

– C'est possible.

– Je souhaiterais faire un relevé de présence et de prix de ces produits à votre rayon. Nous avons des accords et je dois voir s'ils sont respectés.

– Vous aviez rendez-vous ?

– Non, ce n'est pas nécessaire, je n'ai qu'à reporter les P.V.C. (Prix de vente aux consommateurs) sur une fiche client. Je vous signalerai s'il y a un problème le cas échéant. Je n'en ai que pour très peu de temps.

– Attendez un instant, j'appelle le Directeur.

Et joignant le geste à la parole, elle saisit son combiné et compose un numéro court. Elle relaie ma demande, écoute la réponse et raccroche.

– Non, ce n'est pas possible, monsieur, vous ne pouvez pas rentrer. Le Directeur ne veut pas.

Dubitatif, je regarde autour de moi. J'avise bien un panneau : « Nos amis les animaux ne sont pas admis. » Mais rien concernant les représentants.

Je demande une explication mais cela reste parole

morte. Je me souviens que nous avons participé à l'effort de construction de ce magasin il n'y a pas si longtemps. Nous réglions sans sourciller tant du m² et étions alors les bienvenus quand il s'agissait de fournir de la camelote gratuite, nécessaire à la mise en place de notre gamme.

Je sais aussi que — comme stipulé dans nos conditions générales de vente — la marchandise que nous livrons dans ce magasin nous appartient jusqu'à son complet règlement. Mais qu'en est-il aujourd'hui, quand nous sommes payés à 90 jours ?

Heureusement d'autres enseignes nous laissent encore accéder à leurs surfaces de vente. Nous y sommes même invités. Il faut dire que là, très souvent, il s'agit de relever les manches et de faire les implantations, de participer aux inventaires ou de monter les têtes de gondoles. Précieux coup de main qui plus est qui ne leur coûte rien. Ni salaires, ni charges, ni revendications.

Je regagne le parking. Mon devoir m'appelle et ma profession n'a pas encore tout à fait disparu comme d'autres sans que l'on entende leurs appels au secours.

Ce métier qu'il y a quelques années j'ai choisi et aimé pour le contact humain, la convivialité qu'il offrait. Mais c'était une autre époque… Et tout a été si vite.

Enfin, ne suis-je pas moi-même consommateur à mes heures et ne me suis-je pas résigné devant ce système ? Je me sens à la fois acteur et spectateur…

Je broie les emplois — y compris le mien — sous les roues de mon caddie.

EXTRAITS DE DOCUMENTS RÉGISSANT LES ACCORDS COMMERCIAUX ENTRE LE DISTRIBUTEUR ET LE FOURNISSEUR

Facture n°...

Nature de la prestation :

- Location d'un emplacement commercial et publicitaire priviligié en linéaire ;

- Location d'une tête de gondole ;

- Location d'un emplacement publicitaire et commercial priviligié hors linéaire ;

- Affichage sur le lieu de vente d'informations publicitaires spécifiques ;

- Diffusion de messages publicitaires émis sur le circuit de sonorisation de point de vente appartenant au distributeur ;

- Remise de prospectus ou encarts publicitaires à la clientèle sur le point de vente ;

- Conception d'un catalogue à l'enseigne du prestataire;

- Conception d'un prospectus ;

- Participation à un encart publicitaire réalisé par le distributeur dans la presse quotidienne ou périodique ;

- Mise à la disposition de renseignements et/ou études de marchés concernant le marché local de destination ;

- Réalisation et transmission d'un suivi par le distributeur de la pénétration du produit sur le marché.

Contrat de coopération commerciale N°...

Article 1

Le prestataire désireux d'apporter sa collaboration à l'effort entrepris par le bénéficiaire pour développer ses ventes de produits (ci-après désignés en article 2 du présent contrat) sur leur marché de destination, accepte d'assurer la prestation spécifique suivante :
Présence des produits au sein du prospectus régional ..... se rapportant à la période du ... au ... opération identifiée sous le n°... .
Le fournisseur reconnaît que cette action spécifique a un impact réel en terme de valorisation de son image et de ses produits et tend à favoriser l'augmentation de ses parts de marché.

Il est toutefois expressément convenu qu'une telle action ne peut apporter au bénéficiaire la garantie de développement de ses ventes sur le marché précité (les clients des centres... exploités par les adhérents de la centrale).

Achevé d'imprimer en juin 2003
sur les presses de DUMAS-TITOULET IMPRIMEURS
à Saint-Etienne
pour le compte des éditions Le Bord de l'Eau
Dépôt légal : juin 2003
N° d'imprimeur : 39070 C
Imprimé en France

Catalogue : www.editionsbdl.com